빛이 쓰다듬던 路上에서

빛이 쓰다듬던 路上에서 : 허철 시집 / 지은이: 허철. -- 서울 : M&K, 2011
p. ; cm

ISBN 978-89-92947-07-7 03810 : ₩8700

한국 현대시[韓國 現代詩]

811.7-KDC5
895.715-DDC21 CIP2011002556

빛이 쓰다듬던 路上에서

허철 詩集 시집

M&K

차례

강물처럼

빛을

받아들이고 싶었다

저자 서문

‘두 번째 시집 앞에서’

언제부터인가 느린 걸음으로 걷고 싶었다.
기억 속에나 남아있는 옛 모습들처럼.
모든 변해가는 것들처럼
스러져가는 것들처럼.

어머니, 어머니처럼.
그러나 믿고 싶은 영원처럼

역시 우리 가족에게 감사드린다.
어머니, 아버지, 아내, 아들 유, 그리고 딸 진.

인연 안에서야
이승이나 저승이나 무슨 상관이랴.
타박타박 느리게 걷다 보면
모두가 별 빛 아래서 지나가는 것을.

2011. 7. 1. 허철

09. 1. 25

봄의 엄마생각

엄마가 둥그네요

걸레질하는 엄마 등어리가
창 밖의 봄, 산등성이처럼
아련해요

언제고 봄이 오면
나도 등이 동그랄거예요

그렇게 엄마생각하면서
마루를 닦다보면

봄날의 창문은 열려있어
참참이 내다보게 될 거예요

황톳길처럼

좋고

좋더라 때론,
밥 짓는게 재미있어

뽀글뽀글 끓으며 김이
하늘로 가면
함께 오르며

고향이 보여

그 무렵 외롭게 그려진 창틀마다
달빛이 반쯤 누워
머물다 가면

좋고

막간에 막걸리 한잔
더 좋고

밥 익는 김을
언제나 타서 마시니깐

하얗게 그리움만 떠오르던
잔.

가을, 휘파람처럼

늘어나는 아쉬움의 길이만큼

가을은 무슨 수모처럼
그림자만 길어지지

낮아진 저녁햇살을
등짝에 모아놓고 오면

오랫만에 파랗게
달빛이 창호에 묻었었지

메마른 들판만 기억하던

술잔이 껴안아버린
밤의 정령은

어느 툇마루에선

취한 휘파람과 함께
길게
돗자리 지고 눕곤 했지

꽃잎 뒤에서

새벽엔 누구도 행복하지 않았다

아침 노을빛은
내 망막을 튕기고 달려가
하품이 얹히는 창틀 밖,
봉숭아 꽃잎에
色을 불어넣었다

해 떠오를 즈음
행, 불행은 몸둘 바 몰라하다
꽃잎 뒤로 숨어 들어가니

나머지 하품을 햇볕에 말리며 난,

따라가니
피해가니

별빛이 내린 초원에서

세월마다 꽃이 죽는다

꽃의 죽음
꽃이 죽음

속에선 무지개빛
그리움만 보인다

파랗게
우린 살아도
죽음.

꿈길, 물길

꿈 속 물굽이 마다
잔이 흐른다

무지개 위에서도
굴러 떨어진다

밤새 차곡차곡
이슬을 채워 하늘을 비추며
함께 떠내려가련

어디까지 쫓아가야 하나

이슥고 땅도 기울면
무엇으로 세월을 이기려고 하나

기껏
달빛에 감동한다고
손가락 허공에 찔러보는 것

마음에 품어온 고무신 한짝
물길에 띄어보는 것

영원한 길손임을

옛날 옛적
형제 공룡들이
하늘 아래 땅 위에서
스러질 때에

풀잎, 개구락지들은
살아남았거늘

바위마저 흩어져 날리던
흙길에서야

나도
먼지 한 줌 보태준
나그네일 뿐이외다

빗물이든 눈물이든 그 위에 떨어지면
감지덕지
젖었다가 마르던,

아름답지 아니한가

별빛 아래 빗소리,
귀 기울이며 함께

영원한 길손임을

님의 얼굴

물가에 앉아
물을 보면

물안개 사이로 님의 얼굴,
함께 흐르네

일어서면 떠오르지 않고
내 님이 누구였는지

차라리 풀밭에 누워
그려볼거나 구름칠판에

하늘에 흐르던 님의 얼굴을

어떤 습관

엄마도 나도 들에서 일한 날
목욕을 한 엄마는 물었다
난 어찌 이리 때가 많이 나오니
넌 어떠니?
난 대답했다
난 때가 없어

엄마가 웃으며
넌 어찌 때가 없냐고 했을 때
내 때는 다 날아가서 없다고
대답하면서 난
'때' 란 단어를
한참 생각하고 있었다

습관대로
時原을 아름답게 느껴보려 했었다

그 때
개똥벌레가 날아갔다
태초처럼 향기롭게

들꽃같은 친구에게

들꽃이,
가뭄 끝이나
비바람 견디던 어느날
더 아름다웠던 所以를
알 만합니다

어쩔 수 없이 人間의 이야기지만

情이 그리운 곳에서는
언제고 피어나는 美学을 보았습니다

그래서 오늘도
풀잎과 함께 흔들리면서

어쩔 수 없는 罪 때문에
괴로워하면서도

짓밟힌 꽃들을 북돋는
貴한 品性,

그걸 기억하려함입니다

그 땐 놓아버려도 좋아요

(어느 훼미니스트의 詩)

때론 남편과 나란히 앉아
음악을 슬퍼해보세요

선율도, 리듬도
듣는 귀만 있으면
착하고도 아픈
현실이 돼요

먼지낀 거실,
빠르게 기어온
세월의 파란 비늘이

나를 활시위처럼
당길 때

꿈속처럼 마음놓고 달려가봐요

지친 날갯쪽마다
나의 음악을 싣고,

그땐
울면서 놓아버려도 좋아요, 모든 걸

검은 거미와의 대화
(나윤선의 vocal을 들을 때)

너는 검게 기어와 하필
나를 만났니

꼬부라진 음악마저
不動의 자세로 듣는구나

너의 정적은 JAZZ로 깨어졌고

기다림의 化身인 네 앞에서
오래 견디던 기억들도
두 손들고 기어나왔다

간지럽구나, 무뎌진 감각이여
손등을 타고 넘어왔느냐

서로의 응시, 원시의 시선들은
작은 물줄기처럼
가슴에 깊숙이 흘러들었다

안타깝다

까맣게 조그만 네 눈동자,
우리의 눈빛도 한 곳으로 모이다가
자꾸만 흐려지고, 흩어지고

이제껏 사랑들을 너무 쉽게 떠나보냈구나

자네,
카펫 밑으론 가지말것!
밟히면 죽는다, 우리

Cool한 시간은 언제고 흐를지니

5월의 비

비만 오면
낙숫물 아래를 걷고싶어

그렇게 맞으며
처마밑 세례를 받고서는

아, 풀잎만큼만
흔들리고 싶어

오늘 만든 계단

뒷 뜰 언덕에다
통나무 층계를 작게 만들었네

텃밭으로 통하는
한 발, 한 발,
첫 행진 길에
풀잎도 함께 흔들렸네

동그란 느낌이여,
발바닥마다 간지럽구나

언덕 위에 서면
마침 다가서는 장미넝쿨,

구름마저 점점이
하늘에 떴네

오, 이제 기다리지 않으리
모든 꽃들의 滿開를

그제사 세월을 잊고
선 채로 실려 가리니

어떤 계단도 오늘처럼 오르리니

봄 비

밤새도록 이슬이
내 꿈과 섞이는 소리를 들었는데

새벽녘까지도 하얗게 비어있던
마음의 캔버스가
슬퍼하였다

아침에도 이슬비는 남아
홀로 떨어지다가

입가에 차츰 패인
주름에
자꾸만 흘러들어,

非情 하구나

그걸 간지럽히는
바람이여

시골 구강검사의 추억

전교생 칠십명,

양호실엔
햇살만 가득하다

창틀마다
숲을 안곤
푸르게 젖었는데

아이들 체취사이로
떠오른
나의 青春

너무도 그리운
稚氣,
이유있던 눈물들

生命의 소란함이여

봄의 한 가운데,
시골학교가 데려다준.

화장실의 스티커

'샛강을 살립시다
Save our streams'

舊 서울의 북촌 어느 집 쬐끄만 화장실 벽에 붙어있는
스티커의 내용이다. 오래된 동네, 포장된 도로 밑에서
잠자고 있는 흙의 내음이 추억처럼 화장실 내부까지 밀려들어와
코가 찡하다. 북촌의 한 기와집, 조그만 수세식 화장실에
앉아 맡아본다. 조상님 밟던 흙이 스며들어간 지하수와
샛강의 냄새, 그 소리.
강의 숨소리는 울고 웃던 소리로만 들린다.
이 작은 공간에서 나가면 아스팔트 골목길이 보이리라.
청천 하늘 아래 북악산은 솟아있고 차들은 많이도 지나가리라.
하여 쬐끄만 변소는 차라리 골방같이 숨어있는게 낫고
차라리 샛강을 구호처럼 품고 싶으리라.
하필 묵은 동네, 쬐끄만 화장실 벽에만 붙어있다.

'샛강을 살립시다
Save our streams'

강물처럼

사랑

청춘이 씩씩하던
어느 날 바람을 타고 올라가
별 곁에 드러눕고 싶었습니다
마침 연인의 불 꺼진 창 가의
담 아래서 신호같은 휘파람을
불 때였습니다
그 땐 영원을 달려온 밤 하늘처럼
우리도 영영 투명한 동정이고팠습니다
지금 두고두고 기억하고 싶은 순간은

사랑은 바라만 보아도 그리고
보여주고만 싶어서
내내 떨었나이다

조선의 어느기와

어느 TV 文學館

한 때
허공을 향해 목마름을 날리는 대신
서툴게 詩를 노래한 적이 있었다

나의 詩는 아직 어렸어도
그걸 진지하게 들어준
客席의 친구 하나 생겼는데

당연히
악보의 낮은 음자리에서 높은 음자리로
오르내리는,
탁주의 향기같은 대화가 있었다

그 속에선
작은 슬픔도, 時代의 아픔을 능가하며
미소로 넘기는
허허로운 멋도 흘렀는데

친구의 안식구 말처럼
작은 TV 문학관이 거기 생겨났었다

이제 내 노래들을 허공에서 불러들여
헤쳐 모여를 시킬 즈음

생각이 모이는구나
진짜 TV 문학관으로

外科에 놓인 詩

외과 과장님도 나중엔 웃으리라

그는
許 선생이 詩를 어줍잖게 파는 시간
아픈 종기를 제대로 파고 있었는데
女환자는 작은 아픔을 참으면서
과장님 책상 위의 하얀 종이,
詩도 참고 있었다

과장님이 처치 후 drain을 박았는진 몰라도
어줍잖은 詩는
女人의 아픔에 괜히 녹아들 수도 있었으리라

역시 고독한 종기의 아픔이
과장님의 하얀 까운 곁에서는,
許氏의 詩로 drain이 될 수도 있음일까

그것도
재미없는 우리 世代의 좋은 事件이길

그 詩는 푼수끼, 잔잔한 주책임을
세상이 모를까마는.

나의 푼수끼

누구든 짐짓
푼수끼를 보일 때,
허튼 모습을 내비칠 땐

그의 삶도 지금 버거운 것이다

그걸 증명하기란
오늘의 저잣거리에서는 안되고

역시 별빛과, 달의 불그레한 눈자위,
지나간 겨울의 냄새를 안고 사라져가는
신비로운 시간들 속에서
나의 작은 콧구멍이 끝내 부여잡으려는 술의 냄새까지
함께 즐기며 흘러가던 산들바람,
그들과 더불어 論議해야 하리라

오늘 밤도
어느 별에서 날아오는
괴롭고도 예쁜 음정을
봄바람 속에서 애써 찾아 들을 때

어느덧 다가온 내 푼수끼는
오히려 나보다 슬픈 저잣거리에서
펄펄 휘날린다.

숨어있는 美德

뜻하지 않은 곳에 숱한 미덕이
숨어 있단 건 알겠어요
때로 내 삶이
거칠거나 가련했던 것도 알겠어요

나도 하나의 民草일 때,
함께 수줍은 듯 떨던, 급기야는
분노를 참다못해 비명을 내지르던
그 모든 색깔과 함께
숨어 있었어요

그래도 영원한 巨木인 당신앞에
엎드렸던 나에게
이따금 내리던 비가
은총처럼 내 눈물에 섞일 때

조금은 알겠더이다

앞으로 밑지고 뒤론 남는 미덕임을

나의 주님이시여

파란 朝鮮의 하늘과 청바지

들판에 꿇어앉아
가만히 흙을 들여다보면
그 검은 색 속에 숨은
황토 빛, 祖上의 색깔이다

悚懼한 面會申請을
일찌기 땀흘리며 한 바 있어

청바지와 체크무니 남방이
제법 어울리던 나는

간 밤의 촛불아래서
朝鮮의 端雅한 선비를 만나
宇宙哲理를 談論했으나

不問可知,
我의 不計敗라

속시원하고도 當然하지 아니한가

지키기는 커녕 아예 망가뜨린 先人의 山河앞에서
어찌 容恕라도 구하랴

새 날, 새벽별 아래서도
내 청바지는 슬픈 색깔일 뿐

말이 없네

아름다움은 말이 없네

내 모든 기억의 地平 속,
별빛이 어루만진 상처들,
바람에 묻혀버린 탄식들
속에서도
아름다움은 말없이 있었네

추억은 아름답지만
내 작은 뇌리에서만
안타깝게 빛날 뿐

이젠 불러올 수 없어,

모든 그리움은
말을 잊었네

간이역, 작은 흐름

고속전철 생각 때에
산골 간이역을 잊어버린다면
바보도 상바보지

車바퀴 자국이
그 알량한 속도감이
옛정을 추억하는
저녁놀마저 흐리게 했다면
그땐 이미 슬픔이지

그래도 오늘 별은 뜨렸다

실개천이 없어도
내 작은 초저녁 산보는

地上의 예쁜 銀河를 느리게 만들리니

뒷산의 숲도 함께 굽어보는
작은 기쁨,

早春의 흐름이여

淸溪川

五間水門을 뚫고 흐르는 물을
청계천변 넙적돌 위에 서서 본다

맑은 朝鮮의 물이
죄 없는 가난과 함께 묻힐 때

이미 통곡에 지친
朝鮮의 하늘과 땅은
또 다시 흐느꼈으리라

이제 어둠의 세월이
끝난다 하는데

우리, 너무 멀리 밀려왔어도
청계천은, 庶民의 물은
다시금
그들의 미소를 비추어야 하는데

내 고향
五間水門 옆에서

늙어가는 身長을 기대만 보며

이은고 터진 淸溪水에 떠밀려
西에서 東으로 떠나가련

섧은 祖上의 그리움 안고
마냥 東海로 흘러가련

지루한 비 끝에 생겨난

이 비는 지루한 줄도 모르나부다
내 말에 아내는 뜰로 나가면서
이 몸이 다가가서 물어볼께요
돌아와선 한숨처럼 고하기를
자기들도 어쩔 수가 없다네요

샘초롬이 아내의 엉덩이가 이뻐보이드구만
비가 그리 내려도 세상에
생뚱맞은 일은 더 이상
없기를 없기를.

목마름

이 여름에 그리운 건
한 줄기 빛과

그림자 같은
소나기.

아 그럴게야

봄은 올거야
칠월의 장마를 견딜 때마다
가슴을 때리는 비의 베이스 음
그걸 삭일 때마다
봄은 올거야
이미 젖어버린 풀잎을 걷어차며
가고있는 가고있는 구두코
거기에 또다시 빗줄기 묻어나고
때론 별빛이
가끔은 새벽빛이 떨어질 때
쓴 하품을 견디며
슬며시 떠오른 옛 노래
흥얼거릴 때
실컷 살아왔는데도 마침
눈물이 코미디 같아질 때도
이윽고 내가 철딱서니 같아질 때도
아 그땀시 봄은 올거야.

연작

其 一

모처럼 눈물겹도록 푸르다
하늘이여 용서하게나
모든 조작된 언사를.
이 비만의 시대에
너만이 푸르거라
그 아래
사람 몇은 목숨 걸고
얌전히 앉아 있으리니.

其 二

초원에 비친 별빛
아래선 발을 구른다
그렇게 풀을 다진다
착하디 착한 빛 아래선
그렇게 풀을 밟고 걸어간다

가끔은 풀밭에 앉는다
빛을 껴안은 채
주저앉는다 그러면서
본다 바라만 본다
이미 볼 수 없어진 것들을

들이마시고 싶어도 사라져가는
시절의 빛들을.

어느 想思

만나고 싶다
우리 어릴 땐 날줄 씨줄이 있었다
봄 바람, 여름 소나기 구름
가을마다 따라오던 하늘 별무리에서도
엄마의 빨랫줄같은 설레임을
보고 또 만지곤 했다

흐르기도 하고 만나서 반갑던 날, 씨의 연이여

보고 싶다
사라져버린 人. 間.
추억이란 언어마저 덩달아 어색해진
모듬살이란 것

나날의 삶 속
기쁨의 씨앗을 想思할 땐
그립단 그 말이여.

친구에게

너의 동산에 달 뜨거든
나를 불러다오

네 뒷산에 해 지고
갈밭에 바람 불거든
나를 불러다오

우린 묵직하게 흐르던
한 무더기 잡풀 아니었던가

달빛이 내 저문 곳간에 머물 때마다
술은 익겠지

함께 보는 별빛마저
너끈히 익을 무렵엔
내 너를 부르지 않으리.

Lamb의 세월을 축하하는 마음

- 유에게

Lamb의 육년 동안
엄마 아빠는
한 뼘씩만 늙었기를

알프스의 소녀처럼
별에게 부탁드리는데
우리들의 딸이라도
피라도
예쁜 빛깔로
비추어 주기를

희미했던 PATHOS도 이젠 그리우니
그만큼 Lamb이 이쁘구나.

07. 어린이날
아빠.

※ 옷가게 Lamb이 open한지 어느새 육년이 다 되었습니다.

말도 존재도 없이

어찌 우리 모두
소 잡아먹은 귀신들 마냥
말이 없습니까
아침노을 홀로 누웠는데
스러져가는 검은 갯벌
아장거리는 물새의 날개짓들을
바라보기는 하나요

백리를 달려오고도 파발마는
오백살 먹은 쉶은 나무는
물 한잔 마시고도 나타냄이 넉넉한데
우린 무엇이관데
소를 통째로 삶아먹은 귀신들인 양
도통 말도 존재도 없삽나요

육순 즈음에

어느날 숲 속에서
발자국이 별빛을 따라가는걸 보았다

모두 파랬고 외로워 보였다

적당히 덥혀놓은 거실 창틀 사이로
내다보면

나의 발자국, 별들, 모두 유리를 뚫고
걸어가곤 했다

숲길은 추웠어도
별빛이 담담히 꽂힌 흙의 감각이 좋아서

잔설이 굳어있었어도
그 위에 신발을 얹고 가끔은
앉아있고 싶었다

그냥 그렇게 늙어가고 싶었다

언제고 나의 우주,
흙에 다시 잠기면

더는 바랄것 없이
숲길을 걷는 소리를 듣고 싶었다

빛을

야간열차에서

유리창이구나
어둠이 그렇게도 흘러가네

108호 객차에 편안히 앉아
또 하나의 밤이 달려가면
창 밖에선 고향같은 눈송이 뿌옇게
빰을 적시며 지나간다

객실의 전등불이 모든 이들의 구두코마다
피곤한듯 내려앉을 무렵이면
김밥에 삶은 계란이 먹고싶었다
거기에 소주를 끼얹을 즈음엔
한양 어느 김밥집 상호,
'밥에게 무슨 일이 있었나' 생각나며
홍익회 아저씨의 곤색 바지가
졸음처럼 홍건하게 통로를 적시며 오고 가고
그때마다 하품을 지르고 나면
무언가가 허벌나게 그리워
따뜻한 이마를 유리에 대고
입김을 후 불며 無言歌를 외치며

손바닥으로 꾸욱꾸욱 문질러본다

창 밖에선 밤이 흐르는데
처음 바라본 것처럼.

꿈을

맛이 가버린 강토 위에서
살이 찐다는 것은 부끄러운 일이다
언제고 마른 별빛 아래 서있곤 했다
자신도 부끄러워 어쩔 바 몰라
서서 있다보면
내려다 본다 마른 하늘

저녁 실바람 불기 시작하면
이미 여위어버린 실개천을
달빛도 가는 눈으로 바라보기 시작하면
자꾸 걸어야한다 얇은 다리로라도
자신의 뒷모습 바라보며

맛이 가버린 모듬살이 속에서
뚱뚱해진다는 것은 끔찍한 일이다
마른 잎 길에 날리면 어떤 이는 그걸
모아 모아 덮고 잠을 청하는데

어느 새벽 잠이든 술이든 깨기 시작하면
마른 손목을 뻗어 부여안는다

마지막까지 남아있던 꿈

새벽별도 희미해지면
가냘피 일어나 걸어야겠지
쫓아는 못가더라도
차마 따라는 못가더라도
꿈을.

적과 흑의 부루스

오늘 밤 달이 바알간데
건너편 숲은 검기만하다
검은 숲을 마주보고 앉아도
이미 등지고 섰어도
한 잔의 술은 바알갛고 검기만하다
오늘 밤 대기는 바알갛게 타오르고
차가워진 술잔을 거기 던져 넣어도
검게 숯냄새만 남을 때
그여코 시꺼멓게 뭉개진 시력으로
바라보고 싶었어
눈물처럼 바알간 달
건너편 정겨운 숲들을.

청춘, 피어남을 위하여
(오늘날 젊음의 아픔에 공감하며)

삶은 눈물을 품고 가는 것
난(蘭)의 꽃대에 물이 오른다
꽃을 보려면 기다려야 하리라
봄을 기다리던 어느 날마다
바람은
모든 물기를 사르려듯이 다가왔다
인간만이 하늘 아래 눈물 흘리랴
이젠 바람을 향해
외로운 개화(開花)의 몸짓을 향해
이편에서 다가가고 싶다
겨울 눈, 봄 비 내릴 때마다
그렇게 만나보고프다
너와 나의 젊음이여
차가움 따뜻함 함께 부대끼며
다가서며 기다리며 가끔은
흐려진 물빛사이로라도
웃어보자꾸나.

꿈 속의 시간 지켜보기

칠월 성하(盛夏)에
꿈을 꾼다
끈적한 공기의 느낌에 지쳐
빗줄기가 수평으로 떨어진다 해도
믿을 정도였다

계속되는 꿈,
광속보다도 빠른 도피였지만
정성껏 다듬어주던
어린 양의 솜털은 하얗게
쌓인 아픔만한 속도로 느리게
떨어진다

새벽마다
빛의 속도가 머문 자리,
시계가 하얗게 얼어있어
입김으로 불어야 드러나는
덜 깨어난 시간의 바늘 쌈지들.

잠시라도

업(業)은 되풀이되어도
하늘만은 그대로 있으리니

때때로 탁주만큼이나 땅을 더 사랑하였다

위를 향해 소리치면
무어건
되돌아오곤 했는데
언제부턴가 그건
빗물이나 메아리같은 건 아니었다

사실은
홀로 앉아 철학에다
운율을 얹고 싶었다
잠시라도 땅을 떠나 솟구치고 싶었다

업은 되풀이 되어도
늦봄이면 흩날리던 풀씨처럼.

어느 시월

난다 난다
고추 잠자리

시월의 깊은 하늘
내 누웠던 자리마다
잠자리 남아있으니
어느 별자리 곁에 자리잡고 싶어도
진 자리 마른 자리
어머니가 생각나

누울 자리 보며 다리뻗으며
파아란 하늘 아래 서서
보기나 하자

난다
날다 돌아온다
덩달아 파아란 고추 잠자리.

炎天(염천)의 저녁무렵

말복 다음날
귀뚜라미 우는 소리를 듣는다

무슨 오페라의 서막같아
아니면 슬픈 종장일까

소나기 맞은 중놈처럼
쭈그리고 앉아 듣는다

너나없이 망가지는 소음이여

투덜거림 대신
침묵으로

기다리는 가을 빗소리.

가끔은

홀로 땅을 딛는데
반딧불이를 만나면, 떼로 만나면
검은 바다같은 하늘에 마침
해파리의 빛처럼 별들이 뿌려지면
행복하다, 어디에 눈을 주어야 하나

자꾸 걸어야겠다 어두울 때가
가끔은 찬란하리라

꽃들은 반기리라

해를 거듭할수록
흙에 뿌리박고있는 것들이
관능적이다
어느 봄날엔
꽃들의 암술이 너무 예뻐
몰래 군침이 고이곤 했다
산새들이 지나가며
'주책, 주책, 까르륵' 웃곤 했는데
그 때의 파아란 하늘에게만은
빛 바랜 껄떡거림이라도 고하고 싶었다
소리지르고픈 계절들 쌓일 때에도
꽃들은 반기리라, 봄의 바람 속
나이 먹는 것들을
스러져가다가도 다시 태어나길 바라는
영원한 봄, 빛의 설레임으로.

자유를

비행기 싫다
고속철도 싫다
시골 마을버스는 좀 참아주겠고
아냐 그냥 걸어가지
그것도 싫으면
기어가지 개미처럼
그도 어줍으면
잠시 머물지 땅위에 엎드려
냄새 좀 맡지
마침 비 쏟아지면 흙냄새 진해지지

가을마다 사라져간 마른 잎들은
아무 것도 아냐
바라보기만하던 별들도 빛일 뿐이야
흙에 묻혔다가 솟아오르기도 하는
비와 함께 바람과 함께 드나드는
자유,

기더라도 가끔은 날고 싶어

靑春 청춘

그 때 혜화동, 북촌, 인사동 언저리를 걸었는데
스물 두세살 취한 눈에는
작은 목로주점만 보였다
육십년대의 아스팔트를
가난한 청춘들은 째즈를 느끼며
걸어가곤 했다
아무리 젊었어도
지치지도 않았을까

마침 고맙게도 눈이 내리고
많이도 내리고
땀 배인 손 내밀어
눈을 받아 먹으며 하늘을 향해
난생 처음 입술로 부르짖었다
서로의 혀를 살포시 머금은
광화문 근처에서 눈길 엉덩방아 찧었을 땐데

'I want to marry you.'
The answer was,
'Yes, I will'

세월만큼 제길, 눈은 쌓이고
청춘들은 입맞추며 아스팔트를 딛고 가리라
그러면서 찾아보고플테지
추운 日常을 높여줄 목로주점을.

바람불던 날

문 창호지 앞에 앉았다

바람이 그 날 세게 불어
오래된 문틀마다 먼지 날린다
창호지에 뚫린 구멍
들여다보면
바람, 귀 언저리에 불면
머리카락같은 하얀 세월들이 서있곤했다
욕조에 가득 찬 물처럼
넘실대는 정적이여

그 날 장난삼아 달빛을 깔고
오래된 마루에 앉아만 있었는데.

그럴거예요

주변을 둘러본적 없으세요?
희망을 찾을 수가 없잖아요

그 때 JAZZ를 들어요 난
그냥 거기 잠겨요 그곳에선
커다란 PIANO가 마구 날아다녀요
남은 공간이 이미 없을 정도예요
음율은 가볍고도 슬프게 흘러가고
별이 빛나는 밤의 고요를 PATHOS로 푸욱 적시고나면
달래주는건 결국 GUITAR지요 방랑자의
줄이 울면서 눈물을 말려줘요
SAXOPHONE은 어떤데요
오래토록 눌려있던 우리들의 시이느음
을 뱉어내요 기적같이요
거기선 숨 쉴 구멍도 없어요
교수형 당하는 쾌감이라나요
BASS는
깊은 바닷속 골짜기예요
낮은 음이지만 가장 높은
맥박소리를 떨구면서 가죠 사실

정상에서 춤 추는건 그놈이예요 기막히죠
희망은 여전히 없고 마침내
참고있던 DRUM이 때려부수죠
공간이고 숨구멍이고 나발이고를
태초의 빗줄기 소리랑 한 고향이라 그런지
그놈은 순간 순간 잠잠이 있다가도 느닷없이
심장을 두드려깨죠 우리들의 HEART를
이상한건 망가지는 내가 그때부터 들썩
춤추고 싶어지는 거예요 하다못해 신고있던
구두가 무거워서 벗고라도 발을
놀리고 싶은 거예요 BASS가 마침 원시의 달빛처럼
선명하게 다가올 때가 그때예요

그냥 그런거예요
소나기 속을 달려가는 바람의 자유를
COOL하게 느끼고 싶은거, JAZZ는
그럴거예요

음악처럼 머물다 흐르기를

오솔길을 걷다 만난
오래된 발자국들
담배꽁초 몇개도 곁에 거반 잠겼다
마침 바람이 하품하며 지나갈 때
새 담배에 불을 붙이면
달빛에 겨워 노래를 속삭이면
뒤에 마른 잎들 따라온다 구르며 온다
반주하듯 살랑살랑 귓가에 머물다
슬쩍 발목을 앞지르며 간다 미안해 한다

오래된 오솔길 속 오래된 발자국은
흥얼거리며 담배꽁초를 오래된 빛 위에 떨구곤 했다

그렇게 우리 노래들은 남아있기를
달빛이 더 푸르게한 담배연기도
바람 속에서 가만히 흘러가기를
지친 잎처럼 쉬었다가도 좋으니
자국이 남아있기에 외진 길이여
음악처럼 머물다가 흘러가기를.

받아들이고
싶었다

솔직했던 젊은 친구에게 고마워함

시를 어찌 그토록 늙도록 짓느냐고?

젊은 친구여, 이미 시인인 당신이여
물었으니 대답해 주겠는데

너희가 마치 노닥거릴 때 난 글을 읽으며
그 속을 들여다보려 애썼다
물론 허식과도 같은 고독과 싸우면서도 난
일찌감치
모든게 도대체 껍질인지 알갱이인지를
가냘프게나마 냄새맡아보고
때론 취한 손가락 끝으로라도 살짝
눌러보고 싶었다

북서쪽 창문에 단풍잎이 날아붙던 날에도
너희가 눈에 보이는 것에만 신경쓰는 것처럼 보여서 난,
보이지 않는 걸 보려고
한 치라도 다가가서 맞이해보려고
수없이 울었다

그래도 또다시 묻는다면

너희가 빌딩 사이에서 환상을 저으려할 때
난 차라리 무너진 계곡에서 만난
노을을 저어가고 싶었다

그건 어쩌면 하늘의 일, 미안하구나
너희와 상관없어 보이던 슬픈 세월들을
너희 다시금 견뎌나가야 하겠기에.

바람, 소리

지나가던 바람은
무얼 뒤돌아보나

봄바람이 외로움을
집적거리네

합석하려나, 자네

차라리 꾸욱 꾸욱
밟으며 지나가주련

고대 시원해질 삭신,
소리 한판 질러보게

객차에서

7호선 객차를 타고가다
뚝섬 유원지를 만났다

한 낮, 도시의 햇볕이 들어오고
철교의 난간들이
숨가쁘게 지나가는데

나는 보고야만다
그 때의 나무들과 물을

맞은편 승객, modern girl과
시선이 마주쳐도
江의 모래를 보고야만다

덜컹거리며 객차는 다시
지하로 내려가고

맞은편 승객의 얼굴을 잊어버리며
열차가 달려가고 나면

자꾸만 양 손바닥 사이로
수십년 세월을 껴안아
비벼주기만 했다

그러니 객차를 탈 때마다
좀 따습게 해주렴

겨울의 손바닥,
뚝섬을 딛고가는
바퀴소리들을.

고동소리 떠나갔소

봄은 무인도,
점점이 떠돌고 있소

뱃고동 소리도 가버리고
길엔 바퀴자국만 요란하게 늘어졌소

시절이 주인이던 때가 있었는데

우린 얌전한 손님이었을 뿐
불평은 없었소

이제
차마 나와보지 못하고
빼꼼 내다보지도 못하는
주인장,

고동소리 옛 길따라
이름 석 자라도 껴안고
떠돌아야 하겠소?

삼월에

빗방울이 고맙지
한 쪽 눈 찡긋거리며
아유 웬 비야 하며
들어설 수 있으니까

단골집이래도 그렇지

눈송이는 더 고맙지
춤추듯 몸을 흔들며
눈두 찰지기도 하다 하면서
죄인처럼 들어서선
잃어버린 촛대를 찾는 척하며
웅얼댈 수 있으니

사실 눈 비가 고마운 건
간장같이 묵은 느낌, 눈물도
가려주기 때문이지
그것들이 쏟아질 땐
흐려졌던 것들이 좀 맑아지기 때문이지

삼월이니
단골집 창가에선 더 그렇지.

뒷 북

무너진 돌담 명성황후
아무도 그리워하지 않는

실개천 자리를 찾는다
문드러진 나의 실핏줄

뒷북
을
친다

고요가 곱다

가끔은 본다

말을 하지 않는 것이
더 많은 이야기를 할 수 있다는 것을

뒷 뜰의 잡풀 사이로
고개 내민
저 꽃들을 보면

아침 이슬까지 더하면
그 이 뒷 꼭지에 꽃잎 하나
묻어 있으면.

나무의 소리 고독의 소리

(친구에게)

너
나무가 내는 소리 들어봤니
그렇지 그건
바람보다도 서늘해
너도
나무가 서 있는 모습 본적있니
버려진 古屋처럼 당당한
아아 우리도 그렇게 서 있고 싶었지
그 동안 우린 너무
허튼 소리랑 너절한 자세에 지쳤어
오늘 마침 나무 아래서
서늘한 바람 영그니
친구여
너절한 스캔들같이 쌓였던 고독을
꼼꼼하게 비벼서
털어내 버리자꾸나
우린 잡목처럼 소리치더라도
서 있어야 하지 않겠니
홀로 선 나무의 독백
우리만의 노래여

조그마한 웅변

내 부모님은 연변 분들이었으니
당연히 함경도 말을 쓰셨지요
그 분들이 하시는 말 중에
'얼뜬하다' 라는게 있었습니다
'얼이 둔하다' 고로 '좀 멍청하다' 는 뜻입니다
朝鮮語의 맛깔스러움이어!

말이 맛을 잃을 제
삶의 색깔도 솔찮이 줄어들텐데
비약을 좀 하자면
대퇴근의 분량도 졸아들텐데

그러하니
출근길에 만나던 아침 노을들이
외로이 아름다울 젠 무엇을 할 수 있으랴 입니다
기가 차지요

얼뜬한 포장도로 위의
얼뜬한 大氣 속에서
얼뜬한 인간족속의 정신이란 게

얼뜬하게 마사뜨려버린 大地를
말 맛을 놓쳐버린 詩人이란 것도
얼뜬하게시리 마냥 밟어대며 달려가고 있으니

※ 마사뜨리다 : 함경도말, 부숴버리다라는 뜻

우정어린 설복에 관하여

그야말로 별이 빛나는 밤에
별 사이의 검은 공간에
설복당한 적 있었다
그 내용이 무엇이든
어린 눈 가가 젖었었다
별빛이 흐를 때마다
숨 죽여간 외로운 설복들
투명했던 검은 색 동공의
부르짖음
철 들수록 눈 감아버린
순수를 위한 책임들이여

봄눈

창 밖의 처마에
귀여운 고드름 고드름 거기서
한 방울씩 떨어진다
봄눈아 너도 마저 내리렴
맞은 편 회색의 벽에
쉬엄쉬엄 부딪치렴아

또 하나의 예쁜 봄
오렴아
창 밖 저 편에선
사브 삽 눈 삽소리 들려오는데

바다나비들에게

바다나비
바다의 감자칩이여
大洋을 그릴 때에
널 꼭 넣어야지

개미
흙 속의 터줏대감이여
大地를 그릴 때에
널 꼭 그려 넣어야지

마당쇠 행랑아범
그대들도 그예 그려야지

애써 그림은 어찌 이리도
그리움
구립고도 향기로운고

※ 바다나비 : 플랑크톤의 일종

그리움, 참 말

권태 때문에
밤 하늘 향해 하품을 하였더니
별 씨 하나 입 안에 떨어졌다면
그걸 삼키지 않고 침묵으로 키우리라

아마 기도하리라
별 꽃 같은 거 잉태되기를
입 다물고 기다리리라

먼 훗날
모든 존재 사라진 후에도
꽃은 피어나기를
품었던 그리움 그리고 참 말 토해내기를.

듣고 싶은 소리

저잣거리도 소음만 있을 뿐
술 잔 부딪치는 소리도
들리지 않는다
듣고 싶을 땐 차라리
바라만 본다
담뱃재 떨어지는 소리
이름 모를 모두의 눈물 떨어지는
소리를

차츰 눈 멀고 귀도 먹으면
저잣거리의 소음을 경멸하면서도
처음인 양 반가워하며 그리워하리라
잔 부딪치는 소리 그리고
담배 연기 속에 눈물 떨어지는 소리 속에
미라처럼 묻혀진 사람의
말 소리들을.

스멀거리는 허무 속에서

외롭다는 언사는 이제 허공에 날려보내기로 한다
사치스런 게으름, 그나마 남았던 허영도 떠나 보낸지
오래니 외로움을 운운할 자격도 사라져 버렸다
그리고는 허공을 들여다 보기로 한다 거기에서
들려오는 소리들, 온갖 빛깔들의 흐느낌을 바라보며
마지막으로 한 번 폼나는 외로움으로 存在해보려 한다
아, 슬플 것도 억울할 것도 없이 남아있는 허공이여
그토록 외로운 고향이었던가 미안해하며 고개 숙여
돌아가야만 할
이제 허공에 날려보내기로 한다 외롭다는 언사,
그나마 길들였던 서툰 몸짓들을.

이웃고 다가온 E. T.
– 그 희망만은 남겨놓다

암호는 무언가
  지옥, 지옥이다
그대로 날아라 최대한 낮게 근접하라
  알았다 아–흐 힘들다
힘 내게 암호 암호는?
  지옥 지옥이다 아 보인다 보인다
  이상한 것들이 기어다니고 있다
  거개가 바퀴 네 개다
  이 곳은 산소 지역이긴 한데 아–흐 더럽다
알고 있다 하천, 녹색지대의 상태는?
  남은 그나마 썩어가고 있다
알았다 이번엔 Homo Sapiens란 것들의
표정 하나하나를 근접 관찰하라 어떤가
  아으흐 모두 서러운 괴물이다
알았다 이번엔 그들의 mind를
우선 거시적으로 다음엔 미시적으로 들여다 보라
  아–흐 놀랍게도 이게
  mind란 게 거의 고갈되어 있다
  공허한 mechanism만 남아있을 정도다

그런가? 쓸만한 主君들도 없는가
  그런 단어조차 사라진 지 오랜 것 같다
그래, 다스리고 섬기는 쾌감마저 사라졌다 그거지
으음- 그렇다면 주저할 것 없다
그들을 깡그리 없애버리시게
단, 강물이나 숲, 언덕, 그리고 언젠가는
무지개 떠 오를 수평선, 산등성이만은 남겨두시게
아-흐 그 희망만은 그 내일만은.

빛 아래 서면 고하고 싶어지오

씻을 몸뚱이 남아 있는데
가끔은 눈이 달빛에 젖고프오

함께 푸르러지고 싶을 때엔
만나는 새벽마다 별 하나
달랑 남을 때까지,
내려앉은 빛 아래선
기도처럼

엎드려만 있고프오

빛이 쓰다듬던 路上에서

2011년 06월 27일 1판 1쇄 인쇄
2011년 07월 01일 1판 1쇄 펴냄

지은이 | 허철
펴낸이 | 구모니카

마케팅 | 유영일, 신진섭
디자인 | 김해연
제작 | 양만익

펴낸곳 | M&K
출판등록 | 2005년 1월 13일 제7-292호
주소 | 서울시 마포구 동교동 152-6 2층
전화 | 02-323-4610
팩스 | 02-323-4601
E-mail | nikaoh@hanmail.net

ISBN 978-89-92947-07-7 03810

※ 정가는 뒤표지에 있습니다. 잘못된 책은 바꾸어 드립니다.